CATALOGUE

D'UNE COLLECTION

D'ORNEMENTS

VUES DE PARIS, Etc.

LIVRES A FIGURES

Provenant du Cabinet d'un Architecte

DONT LA VENTE AUX ENCHÈRES PUBLIQUES AURA LIEU

HOTEL DES COMMISSAIRES-PRISEURS

RUE DROUOT, 5, SALLE N° 4

AU PREMIER ÉTAGE

Les Mercredi 24 & Jeudi 25 Juillet 1867

A DEUX HEURES

Me DELBERGUE-CORMONT, Commissaire-Priseur,
rue de Provence, 8,

Assisté de M. CLEMENT, Marchand d'Estampes de la Bibliothèque
impériale, rue des Saints-Pères, 3,

Chez lesquels se distribue le présent Catalogue.

EXPOSITION PUBLIQUE

Le MARDI 23 Juillet 1867, de une heure à quatre heures.

PARIS — 1867

DÉSIGNATION

1 **Abrégé** de l'Histoire romaine, orné de 49 estampes grav. en taille-douce. *Paris, Nyon, 1789*;
in-4, v.

Double suite des figures de Marillier; une
noire, l'autre coloriée avec soin.

2 **Album amicorum**, habitibus mulierum
omnium nationum Europæ, tam tabulis ac scu-
tis vacuis in aes incisis adornatum. *Lovanii,
J.-B. Zangrius, 1599*; in-4 obl., vél.

Beau livre, très-rare. On ne connaît pas le
nom de l'artiste qui a gravé les belles planches
de costumes et d'ornements.

3 **Androuet du Cerceau**. Le premier (et second) volume des plus excellens bastimens de
France. *Paris, 1576-79*; 2 tomes en 1 vol. in-fol.,
d.-rel. mar.

Exemplaire grand de marges. Belles épreuves.

4 **Arabesques et fleurs**, par Ranson, La
Londe, Vaucquier et autres. 35 pièces.

5 **Arioste**. Roland furieux, trad. par Tressan.
Paris, Laporte (1804); 4 vol. in-8, figures (93), br.
Exemplaire tiré du format in-4.

6 **Arquebuserie**. Nouveaux dessins d'arquebu-
series, dessiné et gravé par De Lacollombe.
Paris, De Marteau, 1743; in-fol. obl. 9 pièces à
toutes marges. (*Rare.*)

7 **Aveline**. Décorations de l'Opéra, Vénus jalouse, inventées par J. Torelli. 12 pièces in-fol. (Suite complète, *rare*.)

8 — Vues de Paris, Saint-Cloud, Versailles, Saint-Germain, etc.; Vues d'Allemagne, etc. 81 pièces en 1 vol. in-fol. obl.

9 — Vues de villes de l'étranger : Hollande et Belgique, 8 pièces. — Angleterre (Londres), 1 p. — Espagne et Portugal. 6 p. — Allemagne et Suisse, 6 p. — Pologne (Cracovie), 1 p. — Italie, 13 p., etc. Ensemble 38 pièces in-fol.

10 — Vues de villes de France : Tours, Angers, Dieppe (rare), Rouen, Compiègne, Dunkerque, Furnes, Grenoble, Aix, Marseille, Lyon, Nice, Pignerol. 15 pièces in-fol.

11 — Châteaux de France (Chambord, Fontainebleau, Marly, Chantilly, St.-Germain, Versailles, Veaux, Vincennes, Verneuil, Gaillon, Saint-Cloud, etc.) 130 pièces in-fol.

12 **Babel**. Cartouches, 3 p. — Fontaine et Bosquet, par Lajoite, 1 p.

13 **Barbet**. Livre d'architecture d'autels et de cheminées, gravé par A. Bosse. *Paris, Mariette,* 1633; 18 planches (au lieu de 20), in-fol.

14 **Bartsch**. Le Peintre graveur. *Vienne*, 1803-21; 21 vol. de texte et 2 cahiers de planches broch. Exemplaire du premier tirage.

15 **Berain**. Arabesques, Plafonds, Ornements, etc. 18 pièces gr. in-fol.

16 Berain (par et d'après). Ornements, etc. 16 pièces.

17 Bertren. Guirlandes et Groupes de fleurs pour peinture et sculpture. *Paris, s. d.,* 4 ff.

18 Beschreibung des Wilhalmen Hertzogen in Baiern und der fürstin Renata von Lothringen hochzeitlichen Ehrenfestes. Description des fêtes données à l'occasion des noces de Guillaume duc de Bavière et de la princesse Renée de Lorraine. *Munchen, A. Berg,* 1568; gr. in-fol., vél.

Volume de la plus grande rareté; notre exemplaire contient 12 grandes planches pliées, et une partie de celle qui représente l'entrée à Munich. Ces planches, artistement coloriées à l'époque reprós. des cérémonies, des danses, des décorations de salles, des tournois, des costumes. C'est l'ouvrage le plus remarquable dans ce genre, qui ait paru au xvie siècle. Les planches, grav. sur cuivre, portent le monogramme N. S. entrelacés. L'exemplaire a quelques défauts, mais il est en général bien conservé; il paraît qu'il manque une planche entre les feuillets 31 et 32.

19 Bible. La Sainte Bible, traduction de Sacy, ornée de 300 fig., d'après les dessins de Marillier et Monsiau. *Paris,* 1789-1804; 12 vol. gr. in-8, veau f., fil., tr. dor.

20 Bloemaert. Principes de dessin. *Amsterdam, Ottens, s. d.;* pet. in-fol., 140 planches, v. br. Très-bel exemplaire de la bonne édition.

21 **Blondel**. Architecture françoise (vol. 1). *Paris Mariette*, 1727; in-fol. 174 planches, veau.

22 — Architecture françoise (vol. IV). *Paris, Mariette*, 1738; grand in-fol., veau. (*Rare.*)

23 — De la distribution des maisons de campagne et de la décoration des édifices en général. *Paris, Jombert*, 1737-1738; 2 vol. in-4, fig., cart., non rogn. (Très-rare en pareil état.)

24 — De la distribution des maisons de campagne, etc. *Paris*, 1737-38; 2 vol. in-4, fig., v.

25 **Boccaccio**. Il Decamerone. *Londra (Parigi)*, 1757; 5 vol. in-8, fig. (111) d'Eisen et et Gravelot, veau éc., fil., tr. dor.

26 **Boccace**. Contes, trad. par Sabatier de Castres. *Paris*, 1801; 9 vol. in-12, fig., broch.

27 **Boileau**. OEuvres, publ. par Saint-Marc. *Paris*, 1747; 5 vol. in-8, fig., veau. (Bel exemplaire).

28 **Boillot** (Jos. von Langres). New Termis Buch. *S. l. (Montbéliard)*, 1604; in-fol., cart.
Avec 56 figures grav. en bois ou sur cuivre, les dernières par Boillot lui-même.

29 **Bosse ?** Tombeaux, portes, cheminées, etc. *Paris, H. Weyen, s. d.;* in-fol. 12 pièces.
Suite complète, généralement attribuée à Abr. Bosse. Un double ajouté.

30 **Bouchardon**. Vases, grav. par Huquier. 26 pièces.

31 **Boucher**. Arabesques. 21 pièces.

32 **Braun et Hoghenberg**. Le grand Théâtre des cités du monde. *Bruxelles*, 1572; et suiv., 6 tomes en 3 vol. in-fol., vél.

Cet ouvrage (très-rare avec texte en français) donne les plans et vues des principales villes du monde avec une grande exactitude. On y trouve des vues et plans de Paris, Lyon, Marseille, Nancy, Besançon, etc.

33 **Briseux**. L'art de bâtir des maisons de campagne, où l'on traite de leur distribution, de leur construction, etc. *Paris*, 1743; 2 vol. in-4, fig., veau.

34 **P. Bullet**, Lucas (F.). Palais épiscopal de Bourges. *Paris*, *Jombert*. 8 pièces.

35 **Cadres** (par La Londe, Castello et autres). 21 pièces.

36 **Carmontelle**. Jardin de Monceau. *Paris*, 1779; gr. in-fol. broch. (Quelques taches.)

Dix-huit planches, avec jolies figures de costumes. Rare.

37 **Carte** générale de la monarchie françoise, contenant l'histoire militaire depuis Clovis jusqu'à Louis XV, par Leman de la Jaisse. *Paris*, *l'Auteur*, 1733; 2 vol. gr. in-fol., fig., mar. r., dent., t. dor. (Aux armes de Lorraine.)

38 **Catalogo** ragionato dei libri d'arte e d'antichità del conte Cicognara. *Pisa*, 1821; 2 vol. in-8, gr. pap. vél. broch.

39 **Cheminées**, par artistes inconnus, 2 suites à 6 pièces. *Paris, Langlois, s. d.* 12 pièces in-fol. (*Rare.*)

40 **Collection** de figures théâtrales inventées et gravées par Martin, cy-devant dessinateur des habillemens de l'Opéra. *Se vend à Paris, chez l'auteur, s. d.;* pet. in-fol., titre et 20 planches, cart.

Belle et rare suite.

41 **Consulum** romanorum elenchus. *Argentorati,* 1534; pet. in-4, vél.

Beau livre d'ornements dans le genre de Holbein, gravé vraisemblablement par H. Vogtherr.

42 **Contile** (L.). Ragionamento sopra la proprieta de gli academici affidati. *Pavia,* 1573; in-fol., fig. en taille-douce, v. f.

Belles bordures dans le genre de Vico.

43 **Costumes** de la République, par Chataignier. 6 pièces col. in-4. — Costumes de la cour impériale. 18 pièces in-8.

44 **Costumes** françois representans les differens états du royaume, avec les habillemens propres à chaque état (par Arrivet et Dupuis). *Paris, Le Pere et Avaulez,* 1776; in-fol., frontisp. et 10 planches. (Belle et rare suite.)

45 **Costumes**. Le Matin, le Soir, la Nuit, l'Odorat. Diamantine. *Paris, Mariette.* 5 p. in-fol.

46 **Coutances**. Perspective de la Cathédrale, par R. Bichue, 1747; gr. in-fol.

47 **Crepy**. Deuxième suite de vases. 6 pièces.

48 **Cuvilliés**. Livre de lambris, grav. par Lespilliez. 6 pièces gr. in-fol.

49 — Serrurerie, grav. par Lespilliez. 10 pièces
gr. in-fol.

50 **Dalberg**. Suecia antiqua et moderna. *Holmiæ*,
1693-1714; in-fol. obl., bas.

297 (au lieu de 353) planches, gravées par
J. Marot, Van Aveelen, Swidde et autres.

51 **Damery**. Vases. *Rome*, 1657; 12 pièces in-fol.

52 **Danemark**. Collection de vues de châteaux
avant la lettre gravées vers le milieu du siècle
passé. Frydenlund, Vardingbourg, Sorgenfrey,
Cronbourg, Jægerspriis, Antvorskow, Scander-
bourg. Hirschholm, Coldingen, Odensee, Fre-
densberg, StiftValloë, Couvent de Vemmetoste,
Walloe. Gr. in-fol. obl., cart.

53 **Daviler** (C.). Cours d'architecture. *Paris, Mariette*, 1710; 2 vol. in-4, fig., v.

54 **Decker**. Fürstlicher Baumeister (Architecte
royal). *Augsboury*, 1711-16; 2 vol. et supp. Dans
le même volume, Vues de la résidence ducale
de Louisbourg, 20 planches par Frison. — Sturm,
Architectura, avec 25 planches. — Vette, Rési-
dences de la noblesse, 16 pl. gr. in-fol. obl.,
peau de truie.

L'Architecte royal de Decker, qui contient de
nombreuses et riches décorations d'intérieurs,
est devenu très-rare.

55 De La Fosse. Trophées, Candélabres, Casso-
lettes, etc. 24 pièces.

56 Delamare. Traité de police, premier volume.
Paris, 1705; gr. in-fol., mar. v., fil., tr. dor.
(Aux armes d'Orléans.)
Ce volume contient les 8 plans de Paris.

57 De Lorme (Philibert). Architecture, neuf livres. *Paris, Morel,* 1568; in-fol., fig. sur bois,
veau. (Première reliure.)
Dans le même volume : Dietterlein, Architectura. Strasbourg, 1593; 40 planches. Edition
originale du premier livre, très-rare.

58 Description des fêtes données par la Ville de
Paris, à l'occasion du mariage de Louise-Elisa-
beth de France et de Don Philippe. *Paris, Le
Mercier,* 1740; gr. in-fol., fig., v., dent., tr. dor.
(Aux armes de la ville de Paris.)

59 Description des plans de Louis XIV que l'on
construit à Reims. *Paris,* 1765; très-grand in-fol.,
fig., mar. rouge, fil., tr. dor. (Aux armes du
Dauphin.)
Reliure signée par Derome.

60 Desgodetz (A.). Les édifices antiques de Rome
dessinés très-exactement. *Paris, Coignard,* 1682;
gr. in-fol., fig., v.

61 Dessins à l'encre de Chine, exécutés par un
artiste italien vers 1540, 34 ff. avec nombreux
sujets (ornements, meubles, statues, etc.), gr.
in-fol., soie rouge.

62 **Dessins**. Collection de 139 dessins, d'après
l'antique, par un artiste du XVIme siècle : statues, frises, ornements.

    Ces dessins à l'encre de Chine sont d'une
belle exécution, gr. in-fol., vél., rouge.

63 **Dessins** (italiens) d'architecture (XVIIe siècle).
4 pièces à l'encre de Chine.

64 **Dietterlein**. Architectura. *Nurnberg*, 1598;
in-fol., d.-rel. (L'exemplaire n'a que 200 planches.)

65 — Architectura. *Nurnberg*, 1598; in-fol., d.-rel.
(Exemplaire avec 103 planches.)

66 **Dolce**. Imprese nobile et ingeniose de diversi
principi et d'altri personaggi illustri nell'arme
e nelle lettere. *Venetia, presso Girol. Porro*, 1578;
in-4, fig. en taille-douce, cart.

    Bel exempl. absolument non rogné. Les nom-
breuses bordures dans le genre de Vico portent
le monogr. B. P. V. (Battista Pittoni.)

67 **Dolivar**. Nouveau livre d'autel. *Paris*, 1690;
6 pièces in-fol.

68 **Dugourg**. Arabesques. *Paris*, 1782; 6 pièces.
(Suite rare.)

69 **Duplessis**. Suites de vases. 10 pièces. *Paris*,
s. d.

70 **Du Molinet**. Le Cabinet de la Bibliothèque
de Sainte-Geneviève. *Paris*, 1672; gr. in-fol.
fig. et portr., v.

71 **Durand** (L.). Recueil et parallèle des édifices de tout genre anciens et modernes, remarquables par leur beauté, etc. *Paris*, an IX; gr. in-fol. obl., d.-rel. Précis de leçons d'architecture. *Paris*, an X; 2 vol. in-4, br.

72 **Dürer** (A.). Underweysung der messung mit dem Zirckel und Richtscheyt. (Ecole de dessin et de perspective). *Nuremberg*, 1525; fig. en bois. Ein nützlich schon büchlein der kunst des Messens (durch H. Rodler). Perspective à l'usage des peintres, sculpteurs, orfèvres, brodeurs, ébénistes, etc. *Siemeren, H. Rodler,* 1531; fig. en bois. (Le feuillet E. 2 endommagé.) 2 vol. en 1 in-fol., vél.

Premières éditions. Le premier ouvrage contient la proportion des lettres, copiée plus tard par Geofroy Jory. Le second, fort rare, est remarquable par ses belles gravures en bois. Voir Histoire de la gravure en bois, par Ambr. Didot.

73 — Alberti Dureri clarissimi pictoris et geometræ de symetria partium in rectis formis humanorum corporum libri. *Norimbergæ, in ædib. viduæ Durerianæ,* 1532; in-fol. goth., fig. en bois vél.

74 — Oratio dominica polyglotta singularum linguarum caract. expressa et delineationibus Alberti Dureri cincta. *Monachii, s. d.;* gr. in-4, cart., non rogn.

Reproduction de 43 bordures dessinées par

Durer, qui ornent le livre de prières de l'Empereur Maximilien I, par Strixner, Piloty et Stuntz.

75 — Albert Durers Designs of the Prayer Book. *London, Ackermann*, 1817; gr. in-4, cart., non rogn.

Autre reproduction de ces bordures. Exempl. avant le texte.

76 **Duval**. Marque de Jean Cabrier, fabricant de soie à Lyon, grav. par Thourneysser, 1668; in-8. (Pièce très-rare.)

77 **Eeckhout** (Gerbrandt vanden, ou Gerbrand de Chesne). Plusieurs nouveaux compartemens. *Amsterdam, N. Visscher*, 1655; 23 pièces in-4.

78 **Errard**. Recueil de divers vases antiques, grav. par Tournier, frontisp. et 12 pl. gr. in-fol.

79 **Eventail**. Peinture pour éventail, époque de Louis XVI, sur vélin.

Jolie pièce. Au milieu, un beau sujet d'après le Poussin; à droite et à gauche, entre arabesques, le temple de Diane et de Cérès.

80 **Fay**. Arabesques. 6 ff.

81 **Feu d'artifice**. Reiouissances publiques pour le restablissement de la santé de S. M. Louis le Grand, faites à Rome, par le card. d'Estrées. S. F. [Delino inv., Finc. Mariotti inc., très-grand in-fol. (Rare.)

82 — **Feux d'artifice.** Paolo Posi architetto, Gius. Vasi inc. *Roma,* 1751-67 ; 12 pièces gr. in-fol., plus 8 autres pièces.

83 **Fischer.** Entwurf, etc. (Esquisses d'Architecture historique). *Vienne,* 1721 ; 5 part. en 1 vol. in-fol. oblong., fig., veau. (Première édition).

84 **Fortini.** Studio di disegni d'architectura civile fatti ad intuito e direzione della felice memoria del Ser. Ferdinando Gran Principe di Toscana, da G. Fortini, scultore, 1712.

Beau recueil de dessins à l'encre de Chine, sur 35 ff. gr. in-fol.

85 **Forti.** OEuvres de Serrurerie, 12 pièces in-fol.

85 bis — OEuvres d'Orfévrerie, 16 pièces.

86 **Galeria.** Farnesianae icones, Romae in aedibus Duris Parmae ab Annibale Caracci coloribus expressae, a Petro Aquila delineatae, incisae. *Romae, s. d.;* gr. in-fol. veau fauv. (Très-bel exempl.)

87 **Galerie de Dusseldorf**, grav. par Chr. de Mechel, avec texte, par N. de Pigage. *Basle,* 1778 ; 2 vol. in-fol. obl., cart., non rogn.
Anciennes épreuves.

88 **Galerie de Florence.** Galleria imperiale di Firenze. *Firenze, Molini,* 1811 et suiv.; 13 vol. gr. in-8, fig., cart., non rogn.
Très-bel exemplaire.

89 **Galerie de Vienne.** Prodromus seu praeambulare lumen reserati portentosae magnifi-

centiae theatri, etc., a F. de Stampart et A. de
Brenner. Viennae *Austriae*, 1735; in-fol. vél.
(Rare.)

90 **Galerie du Palais-Royal**, gravée d'après
les tableaux qui la composent, par J. Couché.
Paris, 1786-1808; 3 vol. gr. in-fol., d.-rel.; ma-
roq., non rogn.

Très-bel exemplaire; épreuves anciennes.

91 **Garovi**. Plafonds, J. Garovi Stucat. inv. et in-
cid. Ven., 4 pièces in-fol. (Rare.)

91 bis. **Gavard**. Galeries historiques de Versailles, seconde édition; 14 volumes petit in-fol.,
d.-rel., dos et coins en maroquin rouge à nerfs.
Plus un volume, Armoiries des Croisades. (Bel
exemplaire.)

92 **Germain** (d'après La Fosse). Suite de Cartels
et Trophées, 6 pièces in-fol. obl.

93 **Geschlecterbuch** der Stadt Augeburg. Pra-
ticiens d'Augsbourg représentés dans leurs ar-
mures, et publiés pour l'usage des orfèvres,
peintres, brodeurs, sculpteurs, ébénistes et
autres. *Strasburg*, C. *Widitz* (vers 1540); in-fol.,
98 grav. sur bois, vél., tr. dor.

Bel exempl. d'un volume rare. La première
partie est incomplète de la signat. D.

94 **Glancarti** (Poliphilo). Arabesques, A. F. Lu-
cini F. *Roma, G. de Rocei*, 1630; 6 pièces sur
3 ff. in-fol. Plus 2 pièces du même, pet. in-4.

95 **Giardini**. Promptuarium artis argentariae. *Romae, 1750*; 2 tomes en 1 vol. in-fol., fig., cart. (Cent planches d'orfévrerie et d'argenterie).

96 **Gravures en bois** (12 grandes) du XVIe siè-cle, reprcs. le Credo. Monog. H. H. in-fol., non rel.

97 **Gravures sur bois** du XVIe siècle, plus de 100 pièces en différents formats. Costumes, bordures, ornements, etc.

98 **Guérard**. Cahier de Ferronnerie, 4 pièces.

99 **Hanzelet** (Lorrain). La Pyrotechnie, ou sont representez les plus rares et les plus appreuvez machines et feux artificiels. *Pont-à-Mousson, Bernard,* 1630; in-4, fig., parch.

100 **Hauer**. Vases, colonnes, etc. 8 ff.

101 **Heneiken**. Idée générale d'une collection complette d'Estampes, avec une dissertation sur l'origine de la gravure et sur les premiers livres à images. *Leivsic, Krans,* 1771; in-8, fig., bas.

102 **Hoghenberg** (F.). Variorum protractionum (vulgo compartimenta vocant) libellus. *Antver-piae, apud Gerardvm Jodaevm,* 1555; 27 planches. Belle et très-rare suite.

103 — La Création et la Chûte de l'homme, l'Homme s'adonnant aux péchés, sa Mort. 24 pièces allé-goriques sur 12 ff. in-fol.

Suite complète et rarissime : plusieurs pièces ont rappport aux danses des morts. La dernière planche seulement porte le monogramme du graveur E. H.

103 bis. **Holstadt**. Principes du style gothique, exposés d'après des documents authentiques du moyen-âge. *Liége, L. Noblet;* 1 vol. in-fol., br.

104 **Houdt** (A.). Architectur, inhaltend dei kunst von den 5 sculen. Toscana. Dorica. Jonica. Corinthia und composita. *Amsterdam, Jansson,* 1628; in-fol., fig. par de Vrier, vél.

105 **Huret**. Le capitaine Matamore, Rousselet F., Mariette exc.

106 **Instructions** du comité historique des arts et monuments. Style roman et style gothique. *Paris, imp. roy.,* 1840; in-4, fig. en bois, d.-rel.

107 **Jammitzer** et **J. Amman**. Pictura et imago ecclesiae in hac vita, 1571; 2 pl. in-fol.
Belles et rares pièces.

108 **Kilian**. Fuggerorum et Fuggerarum, quae in familia natae, quaeve in familiam transierunt, quot extant aere expressae imagines. *Augustae Vindel.,* 1610; gr. in-fol., bas.
Première édition, composée de 127 planches entourées de riches bordures variées. Très-rare.

109 **Kilian**. Europae ornamentum et firmamentum. *Augustae* (vers 1700); 200 planches in-4 obl.. cart.

110 **Kilian** et **Custodis**. Emblemata sacra passionis Salvatoris N. Jesu Christi. *Augustae Vindel., s. d.*; titre et 12 pl. in-4, obl.

111 **Krentz** (G.-L.). La Basilica di San Marco in Venezia, exposta nei suovi musaici storici, orne-

menti scolpiti i vedute architectoniche. Sezione prima. *Vienne, 1844 ;* très-gr. in-fol., fig., br.

112. **Labyrinte de Versailles**. The Labyrinth of Versailles. *Amsterdam, Vischer, s. d.;* 40 fig. par Swielde; pet. in-4, bas.

113 **La Londe**. Girandoles, candélabres et lustres. 6 pièces.

114 **Lautensack**. Des Cirkels wuch der Perspective Unterweysung. École de dessin et de perspective, par Hans Lautensack, orfèvre et peintre. *Franckfurt am Main, S. Feirabend, 1564 ;* pet. in-fol., fig. en bois, bas. gauf.
Bel exempl. d'un volume rare.

115 **L'Égaré** (Gilles). Orfèvrerie, 3 pièces in-fol. (A la première pièce, un portrait de Louis XIV et une vue du Pont-Neuf.

116 **Le Nostre** (et autres). Plans de jardins. *Paris, Mariette.* 10 pièces gr. in-fol.

117 **Le Muet**. Manière de bastir. *Paris, J. du Puis,* 1663 ; in-fol., fig., cart.

118 **Le Pautre**. Deux Calendriers, avant le texte. Gantrel exc.
Pièces rarissimes.

119 — Le Petit Bon Homme, in-fol. (Pièce rare.)

120 — Frises avec tritons et feuillages. 6 pièces. — Frises représentant des scènes de mythologie. 6 pièces. — Frises et montants. 4 pièces. *Paris, Le Blond,* gr. in-fol. obl.

121 — Plafonds à la romaine. *Paris, Jollain*, 1655.
6 pièces. — 17 autres Plafonds, par le même.

122 — Alcôves à l'italienne. *Paris, Mariette*. 6 pièces.
— Alcôves à la romaine. *Paris, Mariette*, 1667.
6 pièces. — Differents desseins d'alcauve. *Paris,
Le Blond*. 6 pièces.

123 — Vases à la moderne. *Paris, Mariette*, 1659.
6 pièces. — Vases, avec encadrements. 6 pièces.
Paris, Langlois. — Plus 12 autres pièces.

124 — Titres et pièces historiques. 6 pièces.

125 — Ornements divers. 182 pièces.
Anciennes épreuves originales ; il n'y a que
deux ou trois copies.

126 — Panneaux pour lambris. *Paris, Poilly*. 6 pl.
— Lambris à la françoise. *Paris, Mariette*. 6 pl.
Trophées d'armes. *Paris, Mariette*. 6 pl.

127 — Frises et differens ornements. *Paris, Mariette*.
6 pl. — Frises, feuillages ou tritons marins.
Paris, Mariette. 6 pl.—Frises, etc. 6 pl.—Chasses
et feuillages. *Paris, Mariette*. 6 pl. — Frises et
montants, 6 p.

128 — Cheminées. *Paris, Le Blond*. 6 p. — Cheminées à l'italienne. *Paris, Langlois*. 6 p. — Cheminées. *Paris, Jollain*. 6 p.

129 — Cloitures de chappelles. *Paris, Mariette*. 6 p.
Portes de chœur. *Paris, Mariette*, 1661. 6 p. —
Chaires de prédicateurs. *Paris, Mariette*, 1659.
6 p. — Porte cochère. *Paris, Langlois*. 6 p.

130 **Liefrinck**. Comédie ou Farce de six per-
sonnages : Chenu Viellardt est grand cocu et
fort infâme, — A qui les cornes met sa jeune
belle dame. In-fol. (Pièce rare.)

131 **Lyon**. Horloge de l'église de Saint-Jean, par
Thourneysser, 1677. — Façade de l'Hôtel-de-
Ville, 1706 ; 2 pièces gr. in-fol.

132 **Maffei**. Raccolta di statue antichi e moderne,
datta in luce da Dom. de Rossi. *Roma*, 1704 ; pet.
in-fol., fig., v. fauve. (Aux Armes de Charles VI.)
Bel exempl.

133 **Marot** (Daniel). Livre de statues. 8 pièces.

134 — Vases de la maison royale de Loo. 6 pièces in-f°.

135 **Marot** (Jean). Tombeaux à Paris et Saint-Denis.
10 pièces.

136 **Maurlerr** (Jul. Sr. de Ligneron). Traité d'architecture mis en lumière par P. Daret. *Paris,
Daret*, 1648 ; gr. in-fol., fig., cart.

137 **Merian**. Topographia Galliae (en allemand).
Francfort, 1655 ; 8 part. en 1 vol. in-fol. fig., vél.
Premières épreuves ; ces parties contiennent
les vues de Paris et environs, Champagne, etc.

137 bis — Topographia Galliae. *Amsterdam*, 1660-
1663 ; 4 vol. in-fol. vél. cordé.
Second tirage. Exempl. complet.

138 **Methodus** geometrica. Tractat von der Fold-
trechnung. *Nürnberg, Valentin Fahrmann*, 1598 ;
in-fol., fig. en bois repr. des Costumes, etc.,
cart.

139 **Milcent**. Hôtel-de-Ville de Rennes. — Place du Palais de Rennes. — Place Royale de Bordeaux. *Paris, Chereau*, 1758 ; 3 pièces in-fol.

140 **Moglia** (D.). Corso elementare di ornamenti architettoniche. *Milano*, 1842 ; 2 vol. in-fol., fig., d.-rel.

141 **Moucheron**. Panneaux peints de la maison de D. B. Mezquita, 4 pièces in-fol.

142 **Muntinc**. Livre des termes. (*Amsterdam*), *Cologne*, 1604 ; in-fol., 11 pl., cart.
Suite très-rare.

143 **Mutianus** (Jo.-Bapt.). Frises à feuillage. 12 pièces sur 6 ff.

144 **Neufforge**. Recueil élémentaire d'architecture contenant plusieurs études des ordres d'architecture, etc. *Paris*, 1757-76 ; 8 vol. gr. in-fol., fig., v. marbré.
Très-bel exemplaire, uniformément relié, aux armes du marquis de Marigny, intendant des bâtiments du Roy.

145 **Nicolay**. Viaggi, trad. da Francesco Flori da Lilla. *Anversa*, 1577 ; in-4, 60 grav. sur bois, vél.

146 **Nielles**. Les seize Nielles du lustre de la cathédrale d'Aix-la-Chapelle (exécutés vers 1165), plus une autre pièce de tirage moderne.

147 **Normand fils**. Épures d'escaliers en pierre, par Goguet père, gravés au trait. Nouveau cahier d'intérieurs, composé de cour, salle à manger, etc. *Paris, Grim ;* 2 vol. brochés.

148 **Notre-Dame de Paris**. Recueil contenant
80 planches et une notice archéologique où l'on
a recherché la nature, l'origine et la raison
d'être de toutes les parties du monument, par
Celtibère. *Paris, A. Grim;* 1 vol. gr. in-fol., cart.

149 **L'Architecture moderne**. Élévations,
Coupes, Plans d'ensemble, Détails de maisons
de ville et de campagne, exécutés au trait et au
lavis, d'après G. L. Adams et J. A. Leveil. *Paris,
A. Grim,* 2 vol. in-fol. cartonnés.

150 **Parallèle des Maisons** de Bruxelles et des
principales villes de la Belgique, construites
depuis 1830 jusqu'à nos jours, etc., mesurées et
dessinées par A. Gastermans, architecte. *Paris,
E. Noblet;* 1 vol. in-fol. en carton.

151 **Le Menuisier moderne**. Nouveau Recueil
de pièces de menuiserie, exécutées dans les nouveaux quartiers, avec plans, coupes et détails.
Paris, D. Guilmard; 1 vol. in-fol. cart. Album
du Menuisier parisien. *Paris, D. Guilmard;* 1
vol. gr. in-4, contenant 50 pièces de menuiserie.

152 **Choix d'Ornements** extraits du Musée des
Monuments français, par A. Lenoir. *Paris,
Levy fils,* 1856; 1 vol. gr. in-4, d.-rel.

153 **Le Napoleonium**. Monographie du Louvre et
des Tuileries réunis, avec une notice historique
et archéologique. *Paris, A. Grim,* 1856; 1 vol.
in-fol., d.-rel., orné de 64 planches sur
papier de Chine.

153 bis — Le même ouvrage avec les planches sur papier blanc.

154 **Choix de nouveaux Modèles de serrurerie**, publiés par E. Leconte, contenant 73 pl. avec texte. *Paris, E. Leconte*, 1838; 1 vol. in-fol., d.-rel.

155 **Ornements de la Renaissance.** *Paris, Grim* ; 2 vol. gr. in-4, d.-rel., contenant, l'un 30 planches, l'autre 55.

156 **Habitations champêtres.** Recueil de maisons, villas, châlets, pavillons, kiosques, parcs et jardins, dessinés par V. Petit. *Paris, Monrocq frères*, 1 vol. gr. in-4 cartonné.

157 **Pugin.** Types d'architecture gothique, traduit de l'anglais, par L. Delobel. *Paris et Liége, Noblet*, 1854; 3 vol. gr. in-4, d.-rel. mar. r.

158 — Antiquités architecturales de la Normandie, avec texte traduit de l'anglais, par Alph. Le Roy. *Paris et Liége, Noblet* ; 1 vol. gr. in-4., d.-rel., mar. r.

159 **Nouvelle Collection de lettres** de différents genres, à l'usage des peintres et graveurs, par A. Gaula. *Paris, Grim*, 1846; 2 vol. in-4, brochés. Nouveau recueil complet de chiffres ornés à deux lettres. *Paris, Grim* ; 1 vol. in-4, broché.

160 **L'Exposition**, Journal de l'Industrie et des Arts utiles. *Paris, Grim* ; 2 vol. brochés.

161 Le Nouveau Père-Lachaise. Collection de monuments funéraires, gothiques, Renaissance, grecs, etc., dessinés par G.-L. Adams. *Paris, A. Grim ;* 3 livraisons brochées.

162 Oettinger. Le Château de Louisbourg, 4 ff. Dessins à l'encre de Chine.

163 Oppenord. OEuvres contenant différents fragments d'architecture et d'ornements à l'usage des bâtiments sacrés, publics et particuliers. *Paris, Hucquier,* vers 1550 ; grand in-fol., veau.
Très-bel exemplaire parfaitement complet. Très-rare.

164 — Livre de trophées, 6 pièces ; fontaines, ornements, etc. 17 pièces, et 23 pièces de diff. formats.

165 Orfévrerie. 7 Pièces par Bordillat, Boulland et autres.

166 Ornements. Vues, Planches d'architecture, etc., par P. Du Cerceau, Ditterlin, Vriese, Boucher, etc. 77 pièces en différents formats.

167 Palazzi di Genova. Pietro Paolo Rubens desegn. *Anversa,* 1622 ; gr. in-fol., fig., cart.

168 Parasacchi. D. Raccolta delle principali fontane di Roma. *Roma,* 1637. Ager Puteolanus, Fr. Villamena fec. *Roma,* 1620 ; 2 vol. en un, pet. in-8, fig., cart.

169 Paris. Bref et sommaire recuéil de ce qui a été faict de l'ordre tenue à la joyeuse et triomphante Entrée du Roy Charles IX en sa bonne ville de

Paris. *Paris, du Pré,* 1572. C'est l'ordre et forme qui a esté tenu au sacre et couronnement de madame Élisabeth d'Autriche, Royne de France, faict en l'Eglise de l'abbaie de St. Denis. *Paris, Denis du Pré,* 1573 ; 3 part., 1 vol. pet. in-4, fig. en bois, v.

170 — Histoire de la Ville de Paris, par Félibien, publ. par D. Lobineau. *Paris,* 1724 ; 5 vol. gr. in-fol., fig., veau.

171 — Le Val-de-Grâce. 6 pl. par Daniel et Jean Marot, gr. in-fol.

172 — Maison et Bureau des Marchands drappiers. J. Bruant inv., J. Marot sculpsit ; gr. in-fol.

173 — Plans et Vues, extraits de l'Architecture françoise. 62 pièces gr. in-fol. et in-4.

174 — Vues de Paris par Perelle, en partie avant la lettre. *Paris, Langlois, s. d.* 13 pièces in-fol., plus 17 pièces, par autres, en petit format.

175 — Vues et Monuments de Paris, par Perelle. *Paris, chez Langlois, s. d.,* 24 pièces in-fol.

176 — Chaires de Prédicateurs. *Paris, Le Blond,* 1690 ; 9 p. gr. in-fol.

177 — Vues et Plans de différents Hôtels de Paris, par J. Marot. 71 pièces in-fol. — Portes, par le même. 9 p. in-4.

178 — Recueil de plusieurs portes des principaux hostels et maisons de la ville de Paris, par J. Marot. *Paris, chez l'auteur, s. d.* 20 pièces in-fol.

179 — La veve du Pont Neve comme il se présente
a lœil du Pont des Tuileries. B. Moncornet exc.;
530 mill. sur 225 millim. — Plus, 2 Gravures
d'après Callot.

180 — Dessein d'une chapelle royale, en pyramide,
pour être élevée au milieu du Louvre. *Paris,
chez Audran;* gr. in-fol. (Rare.)

181 — Plan de Paris, par Deharme et Desnos, 1788;
24 ff. (Collé sur toile.)

182 — Eeaux-Fortes (95) de Dunker, pour illustrer le
Tableau de Paris de Mercier. *S. l.,* 1785; 2 vol.
in-8, cart.

183 — Élévation du palais des Tuileries. 6 pl. par
J. Marot, gr. in-fol.

184 — Vues par Aveline. 29 pièces in-fol. obl.
Ce recueil contient plusieurs planches rares,
entre autres, celles de l'Intérieur de Notre-Dame.

185 **Pasquier.** Les Diseurs de Bonne Aventure.
— L'Escamoteur. 2 pièces en couleurs.

186 **Passe** (Crispin de). L'Eau, la Terre, le Feu, le
Printemps, etc. 7 pièces avec riches ornements.

187 **Pazzi Marrini** (O.). Serie di ritratti di celebri
pittore dipinti di propria mano in seguito aquella
gia pubblicato nel Museo Fiorentino esistente.
Firenze, 1764; 2 tom. en 1 vol. gr. in-fol., portr.
mar, rouge, riches compart., tr. dor. (Anc. rel.)

188 **Pellegrini** (Dominique, dit Tibaldi). Vue de
la grande fontaine sur la place Scaffieri à
Bologne. (Bartsch, 8.)

189 **Perelle et autres**. Châteaux de France (en partie avant la lettre). 32 pièces de grand, et 21 pièces de petit format.

190 — Châteaux de France et Vues d'Italie. *Paris, chez Langlois*. 68 pièces.

191 **Picart** (B.). Le Carosse du duc d'Ossuna. 5 pièces in-fol. (Rare.)

192 **Pillement** (par et d'après). Différents Cahiers de fleurs. 14 pièces.

193 **Pitture** del Salone imperiale del Palazzo di Firenze, si aggiungono le pitture del salone de cortille della imp. ville delle Petraia e del Poggio a Caiano. Opera di vari celebri pittori fiorentini in tavole XXVI. *Firenze, anno 1751*. Très-grand in-fol., mar. rouge, à riches comp., tr. dor.

Bel exemplaire.

194 **Plans** de l'Hôtel royal des Invalides. *Paris, s. d.;* 14 planches, gr. in-fol., mar. rouge, fil., tr. dor. (Aux armes du prince Eugène de Savoie.)

Exemplaire complet.

195 **Poilly**. Dessins de parterres. 9 pièces in-fol.

196 **Polydoro** (da Caravagio). Vases gravés par Sandrart. 10 pièces. — Vases et Trophées gravés par Galestruzzi. 11 pièces.

197 **Portraits** au physionotrace, par Bernhardi, Chrestien et autres. 8 pièces.

198 **Prieur**. Arabesques. 19 pièces.

199 **Puffendorff**. De rebus a Carolo Gustavo Suc-
ciæ rege gestis. *Norimbergae*, 1696; in-fol., bas.

Grand nombre de planches gravées par Perelle, Le Pautre et autres. La dernière, représentant l'Enterrement du Roi, a plus de 4 mètres
50 c. de longueur.

200 **Queverdo**. Le dangereux Modèle, Patas, scul.

201 — Panneaux, Frises et Arabesques. 8 pièces
in-fol.

202 **Raccolta** di le piu illustri et famose citta di
tutto il mondo per Mart. Rota, fr. Valezo, fr.
Valezio, etc. *S. d.* (*Venetia c.* 1580); in-8 obl.,
vél.

Plus de 400 vues de villes.

203 **Radi**. Varie inventione per depositi. *Roma,
Rossi,* 1670. 10 pl. in-fol., cart.

204 **Ramelli**. Le diverse et artificiose machine del
capitano Agost. Ramelli ingigniero del christ.
Re di Francia et di Pollonia. Composte in lingua
italiana e francese. *Parigi*, 1588; in-fol., fig.,
v., tr. dor., gauf.

205 **Recueil** des plans, élévations et coupes des
jardins, châteaux et dépendances que le Roy de
Pologne occupe en Lorraine, ainsi que les chan-
gements considérables, les décorations et autres
enrichissements qu'il a fait faire. Par M. Meri.
Paris, François, s. d.; 3 vol. gr. in-fol., mar.
rouge, dent., tr. dor. (Anc. rel.)

Ouvrage magnifique, devenu rare.

206 — Le même ouvrage, 3 tom. en 1 vol. gr. in-fol., mar. rouge, dent., tr. dor. (Pasdeloup.)
Aux armes de François de Lorraine.

207 **Recueil** d'ornements, panneaux, vases, etc., par un maître anonyme italien du XVIIe siècle. 23 pièces. (Rare.)

208 **Recueil** de plusieurs traitez de mathématiques de l'Académie des Sciences. *Paris, imp. roy.*, gr. in-fol., fig., mar. rouge, dent., tr. dor. (Aux armes de France.)

209 **Recueil** de sculptures antiques, grecques et romaines. L.-S. Adam del. *Paris*, 1754; in-fol., mar. vert, fil., tr. dor. (Aux armes de Lorraine.)

210 **Reims**. Portail de l'église Notre-Dame, par E. Moreaux, 1623; gr. in-fol. — Vue septentrionale de l'église de Notre-Dame, dess. et grav. par Liemard Gentilliastre, architecte, 1713; gr. in-fol. (Rare.) — Vue de la cathédrale, par Petit, orfèvre de Reims, 1750. 4 pièces in-4.

211 **Rigaud**. Vues de Paris (6); Versailles, Saint-Cyr, etc. (24); Marly (6); Sceaux (6); Monceaux (2); Anet (3); Fontainebleau (6); Blois (2); Amboise (3); Marseille (2). *Paris, chez l'auteur* (1736). 60 pièces en 1 vol. in-4 obl.
Belles épreuves anciennes.

212 **Roussel**. Jeu de l'Histoire romaine. — Empereurs d'Occident. — Jeu des Rois de France. — Jeu de la Fable. — Jeu du Blason. — Jeu de la Géographie. — 6 pièces gr. in-fol.

213 **Saint-Aubin**. Mes petits Bouquets. 6 pièces
in-4.

214 **Salembier**. Frises. 12 pièces in-4.

215 **Scelta** di XXIV vedute delle principali côntira.
De piazze, chiese a Palazzi di Firenze. *Firenze,
s. d.;* gr. in-fol, mar. rouge, large dent., tr. dor.
(Aux armes du grand-duc de Toscane.)

216 **Serlio** (Séb.). Il primo (ed il secondo) libro d'architettura. *Venetia, N. de Sabbio ad instanti di
Melchiore Sessa,* 1551; in-fol., fig. en bois, vél.

217 — Il primo (e secondo) libro d'architettura. Le
premier (et second) liure d'architecture de Séb.
Serlio, trad. par Jehan Martin. *Paris, Jean Barbé,*
1545. Le troisième liure de Séb. Serlio. *Anvers,
G. van Diert,* 1550; 2 vol. in-4, fig. en bois, cart.

218 **Serlio**. Extraordinário libro di architettura,
nel quale si dimostrano XXX porte di opera
Rustica, et XX di opera dilicate. *Lione, G. di
Tournes,* 1551; gr. in-fol., parch. (Quelques
taches.)

219 **Sculen Buch**. Oder von den 5 Ordnungen der
Architectur, wie salche von Vitruvio, J. Baroz-
zio, Hanns Blumen verabfasset. (Livre de colonnes à l'usage des architectes, ébénistes, etc.)
Nürnberg, Hofmann, 1667; in-fol., fig., vél.

220 **Silvestre** (Isr.). Vues de Paris, de France et
d'Italie. 101 pièces de différents formats. (Plusieurs suites complètes.)

Chaque estampe porte au crayon le numéro
respectif du Catalogue de M. Faucheux.

221 **Solis**. Effigies rerum Francorum omnium usque ad Henricum III ad vivum expressae. Caelatoribus Virgilio Solis et Justo Amman. *Noribergae, Gerlach*, 1576; pet. in-4, v.

63 planches grav. en taille douce et entourées de riches bordures.

222 **Spada**. Cadres et Ornements. 10 pièces.

223 **Strada von Rossberg**. Wasser. — Wind. — Ross und Handt-Mühlen, Pompen, Brunnen und Wasserwerck. (Moulins, pompes, fontaines, etc.) *Franckfort*, 1617; in-fol., fig., vél.

224 **Stradanus**. Venationes ferarum, avium, piscium, pugnae bestiariorum et mutuae bestiarum. (*Amstelodami*), *N. Visscher*, *s. d.*; titre et 102 planches. — Vermis sericus, L. Renard excud. 6 planches. — 1 vol. in-fol. obl., d.-rel.

225 **Tempesta**. Planche d'arabesques (Bartsch., 1378). Batalla de las [naves de Tolosa. A. Tempesta inventor, Jaspar Isac fecit. *Paris, F. Firens*, 1608. Pièce rare, avec texte imprimé en latin, français et espagnol.

226 **Tetelin**. Frises, P. Mariette, etc. 4 pièces.

227 **Titres** de livres entourés de riches bordures gravées en bois d'après Holbein et autres. 1510-1540; in-fol., in-4 et in-8. Collection considérable.

Ce lot sera divisé.

228 **Toro**. Livre de tables de diverses formes. *Paris, Du Buisson, s. d.*; 4 pièces in-fol. — Différents ornements. 8 pièces.

230 **Troili** (G.). Paradossi per praticare la prospec-
tiva, necessarie a pittori, scultori, architetti, etc.
Bologna, Peri, 1662; in-fol., fig. en bois, cart.
    Chaque page est entourée d'une bordure.

231 **Unteutsch**. Neue Zierrathenburh, c'est-à-dire :
Le nouveau Livre d'ornements à l'usage des me-
nuisiers, ébénistes et sculpteurs en bois, par F.
Unteutsch, ébéniste du Sénat de la ville de
Francfort. *Nürnbeg, s. d.* (vers 1650) ; in-fol. vél.
    Très-rare. — Première partie, gravée par
Unteutsch, 50 planches. Seconde partie, gravée
par Aubry, et supplément, 25 planches.

232 **Vases** par De La Belle, Houbraken, Boucher,
Stella et autres. 34 pièces de différents formats.

233 — Ducerceau (1 p.). — René Boivin (2 p.). —
Énée Vico (2 p.).

234 **Vegetius**. Von der Ritterschaft. *Augsburg,
Steiner,* 1534 ; in-fol., nombreuses fig. en bois,
cart.

235 **Vico**. Augustorum imagines aeneis formis
expressae. *Lutetia,* 1619 ; pet. in-8, belles bordures, cart.
    Un feuillet légèrement endommagé.

236 **Vico** (Aeneas). Arabesques. 6 pièces. (Bartsch,
467, 468, 475, 484, 188, 490.)
    Très-belles épreuves avant les numéros.

237 **Vignola**. Regola delli cinque ordine d'architectura. *Firenze, s. d.;* 32 planches in-fol. cart.,
première édition.

238 **Visscher** (Gerrit). Vases avec chiffres entrelacés. 6 pièces (belle et rare suite).

239 **Vita**. Beati P. Ignatii, Societatis Jean fundato-
ris. *Romae*, 1609; in-4, 63 pl., cart.

240 **Vitruvius**. De architectura libri X. *Venetiis,
haeredes, Phil. Junta,* 1523; pet. in-8, fig. en bois,
vél., tr. dor.

241 — Per, icoundum solito castigatior factus, cum
figuris. *Venetiis, Joa. de Tridino,* 1514; in-fol.,
fig. en bois, veau gaufr. Belle édition.

242 — I dieri libri dell' architettura di M. Vitruvio,
tradotti et comm. de M. Daniel Barbaro. *Venetia,*
1584; in-4, fig. en bois, peau de tr.

243 — Vitruvius, Teutsch durch H. Rivium. *Nürnberg, Petrejus,* 1548; in-fol., grav. sur bois,
d.-rel., vél.

Édition recherchée à causes des belles figures
dont elle est ornée.

244 **Vitruve**. Raison Darchitecture antique ex-
traicte de Victruve et aultres anciens Architec-
teurs, nouellemēt traduit Despaignol en Frā-
çois : a lutilite de ceulx q. se delectent en édifices. Imprimé par *Simon de Colines,* demourant
à Paris, 1539; 4 grav. en bois, cart.

Bel exemplaire presque non rogné et avec le
dernier feuillet blanc. Ce volume, très-rare, est
orné de nombreuses et belles figures.

245 **Voltaire**. La Pucelle d'Orléans. *Paris, Didot,*
an III; 2 vol. gr. in-4, fig. de Monsiau et Monnet,
d.-rel., non rogn.

246 **Vouet** (S.). Livre de diverses grotesques. *Augsburg,* 1691 ; 16 planches. Fontaines, 6 pl. Ornements, 7 pl., et d'autres gravures dans le même vol. in-fol., vél.

247 **Watteau fils**. Nouveaux Costumes français pour les coiffures. 16 pièces sur 4 ff.

248 **Watteau** (D'après). Le Repos des Pèlerins. — Les Visiteurs.— Partie de chasse. 3 pièces.

249 **Zanini**. Della architectura di Gioseffe Viole Zanini, Padovano, pittore et architetto. *Padova, Bolzetto,* 1629 ; in-4, fig. en bois, veau fauve, fil.

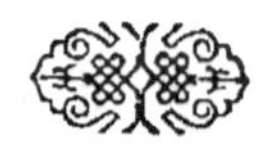

Renou et Maulde, imprimeurs de la Compagnie des Commissaires-Priseurs, rue de Rivoli. 144. 6162

www.ingramcontent.com/pod-product-compliance
Lightning Source LLC
LaVergne TN
LVHW020452060726
842525LV00005B/1663